平成31年1月

| 最高裁判例 | 平成29(受)2177　執行判決請求事件<br>平成31年1月18日　最高裁判所第二小法廷　判決　破棄差戻　大阪高等裁判所 |
| --- | --- |
| 最高裁判例 | 平成30(許)7　文書提出命令申立てについてした決定に対する抗告審の取消決定等に対する許可抗告事件<br>平成31年1月22日　最高裁判所第三小法廷　決定　破棄差戻　大阪高等裁判所 |
| 最高裁判例 | 平成30(ク)269　性別の取扱いの変更申立て却下審判に対する抗告棄却決定に対する特別抗告事件<br>平成31年1月23日　最高裁判所第二小法廷　決定　棄却　広島高等裁判所　岡山支部 |
| 最高裁判例 | 平成30(許)1　譲渡命令に対する執行抗告審の取消決定に対する許可抗告事件<br>平成31年1月23日　最高裁判所第二小法廷　決定　破棄差戻　大阪高等裁判所 |

主　　　文

原判決を破棄する。

本件を大阪高等裁判所に差し戻す。

理　　　由

上告代理人金子憲康の上告受理申立て理由第２について

１　本件は，上告人らが，被上告人に対して損害賠償を命じた米国カリフォルニア州の裁判所の判決について，民事執行法２４条に基づいて提起した執行判決を求める訴えである。

２　原審の確定した事実関係等の概要は，次のとおりである。

（１）　カリフォルニア州の民事訴訟制度の下においては，判決は裁判所において登録され，原則として当事者の一方が他方に対し判決登録通知を送達することとされ，判決に対する控訴期間は遅くとも判決登録の日から１８０日を経過することにより満了するものとされている。

（２）　上告人らは，平成２５年（２０１３年）３月，米国カリフォルニア州オレンジ郡上位裁判所（以下「本件外国裁判所」という。）に対し，被上告人外数名を被告として損害賠償を求める訴えを提起した。

（３）　被上告人は，弁護士を代理人に選任して応訴したが，訴訟手続の途中で同弁護士が本件外国裁判所の許可を得て辞任した。被上告人がその後の期日に出頭しなかったため，上告人らの申立てにより，手続の進行を怠ったことを理由とする欠席（デフォルト）の登録がされた。

（４）　本件外国裁判所は，上告人らの申立てにより，平成２７年（２０１５年）３月，被上告人に対し，約２７万５５００米国ドルの支払を命ずる，カリフォルニ

ア州民事訴訟法上の欠席判決（デフォルト・ジャッジメント。以下「本件外国判決」という。）を言い渡し，本件外国判決は，同月，本件外国裁判所において登録された。

(5) 上告人らの代理人弁護士は，平成２７年（２０１５年）３月，被上告人に対し，本件外国判決に関し，判決書の写しを添付した判決登録通知を，誤った住所を宛先として普通郵便で発送した。上記通知が被上告人に届いたとはいえない。

(6) 被上告人は，本件外国判決の登録の日から１８０日の控訴期間内に控訴せず，その他の不服申立ても所定期間内にしなかったことから，本件外国判決は確定した。

3 原審は，要旨次のとおり判断し，上告人らの請求を棄却すべきものとした。

敗訴当事者に対する判決の送達は，裁判所の判断に対して不服を申し立てる権利を手続的に保障するものとして，我が国の裁判制度を規律する法規範の内容となっており，民訴法１１８条３号にいう公の秩序の内容を成している。本件外国判決は被上告人に対する判決の送達がされないまま確定したから，その訴訟手続は同号にいう公の秩序に反する。

4 しかしながら，原審の上記判断は是認することができない。その理由は，次のとおりである。

(1) 外国裁判所の判決（以下「外国判決」という。）が民訴法１１８条により我が国においてその効力を認められるためには，判決の内容及び訴訟手続が日本における公の秩序又は善良の風俗に反しないことが要件とされているところ，外国判決に係る訴訟手続が我が国の採用していない制度に基づくものを含むからといって，その一事をもって直ちに上記要件を満たさないということはできないが，それが我が国の法秩序の基本原則ないし基本理念と相いれないものと認められる場合には，その外国判決に係る訴訟手続は，同条３号にいう公の秩序に反するというべきである（最高裁平成５年（オ）第１７６２号同９年７月１１日第二小法廷判決・民

集５１巻６号２５７３頁参照）。

　(2)　我が国の民訴法においては，判決書は当事者に送達しなければならないこととされ（２５５条），判決に対する不服申立ては判決書の送達を受けた日から所定の不変期間内に提起しなければならず，判決は上記期間の満了前には確定しないこととされている（１１６条，２８５条，３１３条）。そして，送達は，裁判所の職権によって，送達すべき書類を受送達者に交付するか，少なくとも所定の同居者等に交付し又は送達すべき場所に差し置くことが原則とされ，当事者の住所，居所その他送達をすべき場所が知れないなど上記の送達方法によることのできない事情のある場合に限り，公示送達等が例外的に許容されている（９８条，１０１条，１０６条，１０７条，１１０条）。他方，外国判決が同法１１８条により我が国においてその効力を認められる要件としては，「訴訟の開始に必要な呼出し若しくは命令の送達」を受けたことが掲げられている（同条２号）のに対し，判決の送達についてはそのような明示的な規定が置かれていない。

　さらに，以上のような判決書の送達に関する手続規範は国ないし法域ごとに異なることが明らかであることを考え合わせると，外国判決に係る訴訟手続において，判決書の送達がされていないことの一事をもって直ちに民訴法１１８条３号にいう公の秩序に反するものと解することはできない。

　もっとも，我が国の民訴法は，上記の原則的な送達方法によることのできない事情のある場合を除き，訴訟当事者に判決の内容を了知させ又は了知する機会を実質的に与えることにより，当該判決に対する不服申立ての機会を与えることを訴訟法秩序の根幹を成す重要な手続として保障しているものと解される。

　したがって，外国判決に係る訴訟手続において，当該外国判決の内容を了知させることが可能であったにもかかわらず，実際には訴訟当事者にこれが了知されず又は了知する機会も実質的に与えられなかったことにより，不服申立ての機会が与えられないまま当該外国判決が確定した場合，その訴訟手続は，我が国の法秩序の基

本原則ないし基本理念と相いれないものとして，民訴法１１８条３号にいう公の秩序に反するということができる。

　　5　以上と異なる見解の下，本件外国判決の内容を被上告人に了知させることが可能であったことがうかがわれる事情の下で，被上告人がその内容を了知し又は了知する機会が実質的に与えられることにより不服申立ての機会を与えられていたか否かについて検討することなく，その訴訟手続が民訴法１１８条３号にいう公の秩序に反するとした原審の判断には，判決に影響を及ぼすことが明らかな違法がある。論旨はこの趣旨をいうものとして理由があり，原判決は破棄を免れない。

　　そして，上記4に説示したところにより更に審理を尽くさせるため，本件を原審に差し戻すこととする。

　　よって，裁判官全員一致の意見で，主文のとおり判決する。

（裁判長裁判官　鬼丸かおる　裁判官　山本庸幸　裁判官　菅野博之　裁判官　三浦　守）

平成３０年（許）第７号　文書提出命令申立てについてした決定に対する抗告審の取消決定等に対する許可抗告事件

平成３１年１月２２日　第三小法廷決定

主　　　文

原決定を破棄する。

本件を大阪高等裁判所に差し戻す。

理　　　由

抗告人の抗告理由について

１　記録によれば，本件の経緯等は次のとおりである。

（１）　本件は，抗告人が，大阪府警察の違法な捜査により傷害事件（以下「本件傷害事件」という。）の被疑者として逮捕されたなどとして，相手方に対し国家賠償法１条１項に基づき損害賠償を求める訴訟において，相手方が所持する本件傷害事件の捜査に関する報告書等の各写し（原決定による訂正後の原々決定別紙文書目録記載１及び２の各文書。以下，それぞれ「本件文書１」，「本件文書２」という。）並びに上記の逮捕に係る逮捕状請求書，逮捕状請求の疎明資料及び逮捕状の各写し（同目録記載３の各文書。以下，これらを「本件文書３」といい，本件文書１及び本件文書２と併せて「本件各文書」という。）について，民訴法２２０条１号ないし３号に基づき，文書提出命令の申立て（以下「本件申立て」という。）をした事件である。

（２）　本件傷害事件の捜査は大阪府警察が担当し，抗告人は，平成２７年１月に本件傷害事件の被疑者として逮捕された。その後，抗告人は，本件傷害事件について起訴され，有罪判決を受け，同判決は平成２９年１２月に確定した。

本件各文書も，その元となる各文書（以下「本件各原本」という。）も，本件傷害事件の公判に提出されなかった。

２　原審は，本件文書１については，民訴法２２０条１号所定の「当事者が訴訟

において引用した文書を自ら所持するとき」（以下，この場合に係る文書を「引用文書」という。）に，本件文書２及び本件文書３については，同条３号所定の「挙証者と文書の所持者との間の法律関係について作成されたとき」（以下，同号のこの部分を「民訴法２２０条３号後段」といい，この場合に係る文書を「法律関係文書」という。）に，それぞれ該当するとした上で，次のとおり判断して，本件申立てを却下すべきものとした。

本件各原本は大阪地方検察庁の検察官が保管しており，刑訴法４７条ただし書の規定によってこれを公にすることを相当と認めることができるか否かを決定する権限は当該検察官が有していることからすれば，相手方は，本件各原本の写しである本件各文書を公にすることを相当と認めることができるか否かを決定する権限を有しないというべきであるから，裁判所は，相手方に対して本件各文書の提出を命ずることができない。

３　しかしながら，原審の上記判断は是認することができない。その理由は，次のとおりである。

(1)ア　刑訴法４７条は，その本文において，「訴訟に関する書類は，公判の開廷前には，これを公にしてはならない。」と定め，そのただし書において，「公益上の必要その他の事由があって，相当と認められる場合は，この限りでない。」と定めているところ，同条ただし書の規定によって「訴訟に関する書類」を公にすることを相当と認めることができるか否かの判断は，当該「訴訟に関する書類」が原則として公開禁止とされていることを前提として，これを公にする目的，必要性の有無，程度，公にすることによる被告人，被疑者及び関係者の名誉，プライバシーの侵害，捜査や公判に及ぼす不当な影響等の弊害発生のおそれの有無等の諸般の事情を総合的に考慮してされるべきものであり，当該「訴訟に関する書類」を保管する者の合理的な裁量に委ねられているものと解すべきである。

イ　そして，民事訴訟の当事者が，民訴法２２０条３号後段の規定に基づき，刑訴法４７条により原則的に公開が禁止される「訴訟に関する書類」に該当する文書

- 2 -

の提出を求める場合においても，当該文書の保管者の上記裁量的判断は尊重される
べきであるが，当該文書が法律関係文書に該当する場合であって，その保管者が提
出を拒否したことが，民事訴訟における当該文書を取り調べる必要性の有無，程
度，当該文書が開示されることによる上記の弊害発生のおそれの有無等の諸般の事
情に照らし，その裁量権の範囲を逸脱し，又はこれを濫用するものであると認めら
れるときは，裁判所は，当該文書の提出を命ずることができるものと解するのが相
当である（最高裁平成１５年（許）第４０号同１６年５月２５日第三小法廷決定・
民集５８巻５号１１３５頁等参照）。

　また，民訴法の当事者が，民訴法２２０条１号の規定に基づき，上記「訴訟に
関する書類」に該当する文書の提出を求める場合においても，引用されたことによ
り当該文書自体が公開されないことによって保護される利益の全てが当然に放棄さ
れたものとはいえないから，上記と同様に解すべきであり，当該文書が引用文書に
該当する場合であって，その保管者が提出を拒否したことが，上記の諸般の事情に
照らし，その裁量権の範囲を逸脱し，又はこれを濫用するものであると認められる
ときは，裁判所は，当該文書の提出を命ずることができるものと解するのが相当で
ある。

　ウ　ところで，公判に提出されなかった，刑事事件の捜査に関して作成された書
類の原本及びその写しは，いずれも刑訴法４７条により原則的に公開が禁止される
「訴訟に関する書類」に該当するところ，同法その他の法令において，当該原本を
保管する者と異なる者が当該写しを保管する場合に，当該原本を保管する者のみが
当該写しについて公にすることを相当と認めることができるか否かの判断をするこ
とができる旨の規定は存しない。そして，当該写しをその捜査を担当した都道府県
警察を置く都道府県が所持する場合には，当該都道府県は，当該警察において保有
する情報等を基に，前記アの諸般の事情を総合的に考慮して，同条ただし書の規定
によって当該写しを公にすることを相当と認めることができるか否かの判断をする
ことができるといえる。したがって，この場合には，上記の判断は，当該都道府県

の合理的な裁量に委ねられているものと解すべきである。

エ　以上によれば，刑事事件の捜査に関して作成された書類の写しで，それ自体もその原本も公判に提出されなかったものを，その捜査を担当した都道府県警察を置く都道府県が所持し，当該写しについて引用文書又は法律関係文書に該当するとして文書提出命令の申立てがされた場合においては，当該原本を検察官が保管しているときであっても，当該写しが引用文書又は法律関係文書に該当し，かつ，当該都道府県が当該写しの提出を拒否したことが，前記イの諸般の事情に照らし，その裁量権の範囲を逸脱し，又はこれを濫用するものであると認められるときは，裁判所は，当該写しの提出を命ずることができるものと解するのが相当である。

（2）　上記の見地に立って本件をみると，本件各原本及びその写しである本件各文書は，本件傷害事件の捜査に関して作成された書類であり，公判に提出されなかったものであるところ，本件各文書は，本件傷害事件の捜査を担当した大阪府警察を置く相手方が所持し，これらについて本件申立てがされているのであるから，本件各原本を大阪地方検察庁の検察官が保管しているとしても，引用文書又は法律関係文書に該当するものとされている本件各文書の提出を拒否した相手方の判断が，前記（1）イの諸般の事情に照らし，その裁量権の範囲を逸脱し，又はこれを濫用するものであると認められるときは，裁判所は，その提出を命ずることができることになる。

4　以上と異なる原審の判断には，裁判に影響を及ぼすことが明らかな法令の違反がある。論旨はこの趣旨をいうものとして理由があり，原決定は破棄を免れない。そして，上述したところによれば，本件各文書の提出を命ずるか否かは，本件各文書に含まれる個々の文書ごとに，その提出を拒否した相手方の判断が，本件の本案訴訟における当該文書を取り調べる必要性の有無，程度や当該文書が開示されることによる弊害発生のおそれの有無等の諸般の事情に照らし，その裁量権の範囲を逸脱し，又はこれを濫用するものであると認められるか否かを検討するなどした上で決せられるべきものであるから，これらの点について更に審理を尽くさせるた

め，本件を原審に差し戻すこととする。

よって，裁判官全員一致の意見で，主文のとおり決定する。

（裁判長裁判官　山崎敏充　裁判官　岡部喜代子　裁判官　戸倉三郎　裁判官　林　景一　裁判官　宮崎裕子）

主　　　文

　本件抗告を棄却する。

　抗告費用は抗告人の負担とする。

理　　　由

抗告代理人大山知康の抗告理由について

　性同一性障害者につき性別の取扱いの変更の審判が認められるための要件として「生殖腺がないこと又は生殖腺の機能を永続的に欠く状態にあること」を求める性同一性障害者の性別の取扱いの特例に関する法律３条１項４号の規定（以下「本件規定」という。）の下では，性同一性障害者が当該審判を受けることを望む場合には一般的には生殖腺除去手術を受けていなければならないこととなる。本件規定は，性同一性障害者一般に対して上記手術を受けること自体を強制するものではないが，性同一性障害者によっては，上記手術まで望まないのに当該審判を受けるためやむなく上記手術を受けることもあり得るところであって，その意思に反して身体への侵襲を受けない自由を制約する面もあることは否定できない。もっとも，本件規定は，当該審判を受けた者について変更前の性別の生殖機能により子が生まれることがあれば，親子関係等に関わる問題が生じ，社会に混乱を生じさせかねないことや，長きにわたって生物学的な性別に基づき男女の区別がされてきた中で急激な形での変化を避ける等の配慮に基づくものと解される。これらの配慮の必要性，方法の相当性等は，性自認に従った性別の取扱いや家族制度の理解に関する社会的状況の変化等に応じて変わり得るものであり，このような規定の憲法適合性については不断の検討を要するものというべきであるが，本件規定の目的，上記の制約の態様，現在の社会的状況等を総合的に較量すると，<u>本件規定は，現時点では，憲法</u>

<u>１３条，１４条１項に違反するものとはいえない。</u>

　このように解すべきことは，当裁判所の判例（最高裁昭和２８年（オ）第３８９号同３０年７月２０日大法廷判決・民集９巻９号１１２２頁，最高裁昭和３７年（オ）第１４７２号同３９年５月２７日大法廷判決・民集１８巻４号６７６頁，最高裁昭和４０年（あ）第１１８７号同４４年１２月２４日大法廷判決・刑集２３巻１２号１６２５頁）の趣旨に徴して明らかというべきである。論旨は採用することができない。

　よって，裁判官全員一致の意見で，主文のとおり決定する。なお，裁判官鬼丸かおる，同三浦守の補足意見がある。

　裁判官鬼丸かおる，同三浦守の補足意見は，次のとおりである。

　１　性同一性障害者の性別の取扱いの特例に関する法律（以下「特例法」という。）は，生物学的には性別が明らかであるにもかかわらず，心理的にはそれとは別の性別であるとの持続的な確信を持ち，かつ，自己を身体的及び社会的に他の性別に適合させようとする意思を有する者であって，そのことについて２人以上の医師の診断が一致しているものを対象として，その法令上の性別の取扱いの特例について定めるものである。これは，性同一性障害者が，性別の違和に関する苦痛を感じるとともに，社会生活上様々な問題を抱えている状況にあることから，その治療の効果を高め，社会的な不利益を解消するために制定されたものと解される。そして，特例法により性別の取扱いの変更の審判を受けた者は，変更後の性別で婚姻をすることができるほか，戸籍上も，所要の変更等がされ，法令に基づく行政文書における性別の記載も，変更後の性別が記載されるようになるなど，社会生活上の不利益が解消されることになる。

　また，性別は，社会生活や人間関係における個人の属性の一つとして取り扱われているため，個人の人格的存在と密接不可分のものということができ，性同一性障害者にとって，特例法により性別の取扱いの変更の審判を受けられることは，切実ともいうべき重要な法的利益である。

本件規定は，本人の請求により性別の取扱いの変更の審判が認められるための要件の一つを定めるものであるから，自らの意思と関わりなく性別適合手術による生殖腺の除去が強制されるというものではないが，本件規定により，一般的には当該手術を受けていなければ，上記のような重要な法的利益を受けることができず，社会的な不利益の解消も図られないことになる。

　さらに，性別適合手術については，特例法の制定当時は，原則として，第1段階（精神科領域の治療）及び第2段階（ホルモン療法等）の治療を経てなおその身体的性別に関する強い苦痛等が持続する者に対する最終段階の治療として行うものとされていたが，その後の臨床経験を踏まえた専門的な検討を経て，現在は，日本精神神経学会のガイドラインによれば，性同一性障害者の示す症状の多様性を前提として，この手術も，治療の最終段階ではなく，基本的に本人の意思に委ねられる治療の選択肢の一つとされている。

　したがって，生殖腺を除去する性別適合手術を受けていない性同一性障害者としては，当該手術を望まない場合であっても，本件規定により，性別の取扱いの変更を希望してその審判を受けるためには当該手術を受けるほかに選択の余地がないことになる。

　2　性別適合手術による卵巣又は精巣の摘出は，それ自体身体への強度の侵襲である上，外科手術一般に共通することとして生命ないし身体に対する危険を伴うとともに，生殖機能の喪失という重大かつ不可逆的な結果をもたらす。このような手術を受けるか否かは，本来，その者の自由な意思に委ねられるものであり，この自由は，その意思に反して身体への侵襲を受けない自由として，憲法13条により保障されるものと解される。上記1でみたところに照らすと，本件規定は，この自由を制約する面があるというべきである。

　そこで，このような自由の制約が，本件規定の目的，当該自由の内容・性質，その制約の態様・程度等を総合的に較量して，必要かつ合理的なものとして是認されるか否かについて検討する。

本件規定の目的については，法廷意見が述べるとおり，性別の取扱いの変更の審判を受けた者について変更前の性別の生殖機能により子が生まれることがあれば，親子関係等に関わる問題が生じ，社会に混乱を生じさせかねないことや，長きにわたって生物学的な性別に基づき男女の区別がされてきた中で急激な形での変化を避ける等の配慮に基づくものと解される。

　しかし，性同一性障害者は，前記のとおり，生物学的には性別が明らかであるにもかかわらず，心理的にはそれとは別の性別であるとの持続的な確信を持ち，自己を身体的及び社会的に他の性別に適合させようとする意思を有する者であるから，性別の取扱いが変更された後に変更前の性別の生殖機能により懐妊・出産という事態が生ずることは，それ自体極めてまれなことと考えられ，それにより生ずる混乱といっても相当程度限られたものということができる。

　また，上記のような配慮の必要性等は，社会的状況の変化等に応じて変わり得るものであり，特例法も，平成１５年の制定時の附則２項において，「性別の取扱いの変更の審判の請求をすることができる性同一性障害者の範囲その他性別の取扱いの変更の審判の制度については，この法律の施行後３年を目途として，この法律の施行の状況，性同一性障害者等を取り巻く社会的環境の変化等を勘案して検討が加えられ，必要があると認めるときは，その結果に基づいて所要の措置が講ぜられるものとする。」と定めていた。これを踏まえて，平成２０年，特例法３条１項３号の「現に子がいないこと」という要件に関し，これを緩和して，成人の子を有する者の性別の取扱いの変更を認める法改正が行われ，成人の子については，母である男，父である女の存在があり得ることが法的に肯定された。そして，その改正法の附則３項においても，「性同一性障害者の性別の取扱いの変更の審判の制度については，この法律による改正後の特例法の施行の状況を踏まえ，性同一性障害者及びその関係者の状況その他の事情を勘案し，必要に応じ，検討が加えられるものとする。」旨が定められ，その後既に１０年を経過している。

　特例法の施行から１４年余を経て，これまで７０００人を超える者が性別の取扱

いの変更を認められ，さらに，近年は，学校や企業を始め社会の様々な分野において，性同一性障害者がその性自認に従った取扱いを受けることができるようにする取組が進められており，国民の意識や社会の受け止め方にも，相応の変化が生じているものと推察される。

以上の社会的状況等を踏まえ，前記のような本件規定の目的，当該自由の内容・性質，その制約の態様・程度等の諸事情を総合的に較量すると，本件規定は，現時点では，憲法１３条に違反するとまではいえないものの，その疑いが生じていることは否定できない。

3　世界的に見ても，性同一性障害者の法的な性別の取扱いの変更については，特例法の制定当時は，いわゆる生殖能力喪失を要件とする国が数多く見られたが，２０１４年（平成２６年），世界保健機関等がこれを要件とすることに反対する旨の声明を発し，２０１７年（平成２９年），欧州人権裁判所がこれを要件とすることが欧州人権条約に違反する旨の判決をするなどし，現在は，その要件を不要とする国も増えている。

性同一性障害者の性別に関する苦痛は，性自認の多様性を包容すべき社会の側の問題でもある。その意味で，本件規定に関する問題を含め，性同一性障害者を取り巻く様々な問題について，更に広く理解が深まるとともに，一人ひとりの人格と個性の尊重という観点から各所において適切な対応がされることを望むものである。
（裁判長裁判官　三浦　守　裁判官　鬼丸かおる　裁判官　山本庸幸　裁判官　菅野博之）

主　　　文

原決定を破棄する。

本件を大阪高等裁判所に差し戻す。

理　　　由

抗告代理人赤井勝治，同若松豊，同向井裕美の抗告理由について

１　抗告人は，相手方を債務者として，社債，株式等の振替に関する法律（以下「社債等振替法」という。）２条４項に規定する口座管理機関であるＳＭＢＣ日興証券株式会社が備える振替口座簿に開設した亡Ａ名義の口座に記録された株式，投資信託受益権及び投資口につき，亡Ａの相続人である相手方ほか４名が共同相続し，相手方がそれらの共有持分（以下「本件持分」という。）を有するとして，本件持分に対する差押命令（以下「本件差押命令」という。）の申立てをし，本件差押命令を得た。

本件は，抗告人が，本件差押命令により差し押さえられた本件持分について譲渡命令の申立てをした事案である。

２　原審は，要旨次のとおり判断して，本件申立てを却下した。

(1)　社債等振替法が同法２条１項に規定する社債等であって振替機関が取り扱うもの（以下「振替社債等」という。）についての権利の帰属は振替口座簿の記載又は記録（以下「記録等」という。）により定まるものとしていること等に照らすと，振替社債等に関する強制執行の手続において，執行裁判所は，債務者が差押命令の対象となる振替社債等を有するか否かを振替口座簿の記録等により審査すべきであり，債務者以外の者の名義の口座に記録等がされた振替社債等に対する差押命令を発することはできないと解される。したがって，本件持分に係る株式，投資信

- 1 -

託受益権及び投資口について相手方名義の口座に記録等がされていない以上，本件差押命令は違法であるから，本件申立ては不適法である。

（2）　共同相続された振替社債等について，共同相続人全員の名義の口座に記録等をすることはできるものの，共同相続人の１人の名義の口座にその共有持分の記録等をすることはできず，当該共有持分についての譲渡命令が確定しても当該譲渡命令による譲渡の効力を生じさせることができないから，執行裁判所は当該譲渡命令を発することはできず，本件申立ては不適法である。

３　しかしながら，原審の上記判断はいずれも是認することができない。その理由は，次のとおりである。

（1）　社債等振替法は，振替株式，振替投資信託受益権及び振替投資口（以下併せて「振替株式等」という。）についての権利の帰属は振替口座簿の記録等により定まるものとしている（振替株式につき１２８条１項，振替投資信託受益権につき１２１条において読み替えて準用する６６条柱書き，振替投資口につき２２６条１項）。また，被相続人が有していた振替株式等は相続開始とともに当然に相続人に承継され，口座管理機関が振替株式等の振替を行うための口座を開設した者としての地位も上記と同様に相続人に承継されると解される（民法８９６条本文）。そうすると，被相続人名義の口座に記録等がされている振替株式等は，相続人の口座に記録等がされているものとみることができる。このことは，共同相続の場合であっても異ならない。

したがって，<u>被相続人名義の口座に記録等がされている振替株式等が共同相続された場合において，その共同相続により債務者が承継した共有持分に対する差押命令は，当該振替株式等について債務者名義の口座に記録等がされていないとの一事をもって違法であるということはできないと解するのが相当である。</u>

（2）　共同相続された振替株式等につき共同相続人の１人の名義の口座にその共有持分の記録等をすることができないからといって，当該共有持分についての譲渡命令が確定した結果，当該譲渡命令による譲渡の効力が生じ得ないものとはいえな

い。そして，法令上譲渡が禁止されず，適法に差押命令の対象とされた財産について，これが振替株式等の共有持分であることのみから，執行裁判所が譲渡命令を発することができないとする理由はないというべきである。

したがって，<u>執行裁判所は，譲渡命令の申立てが振替株式等の共同相続により債務者が承継した共有持分についてのものであることから直ちに当該譲渡命令を発することができないとはいえないと解するのが相当である。</u>

4　以上と異なる見解の下に，本件申立てを却下した原審の判断には，裁判に影響を及ぼすことが明らかな法令の違反がある。論旨は理由があり，原決定は破棄を免れない。そして，更に審理を尽くさせるため，本件を原審に差し戻すこととする。

よって，裁判官全員一致の意見で，主文のとおり決定する。なお，裁判官鬼丸かおるの補足意見がある。

裁判官鬼丸かおるの補足意見は，次のとおりである。

私は，法廷意見が，執行裁判所は譲渡命令の申立てが振替株式等の共同相続により債務者が承継した共有持分についてのものであることから直ちに当該譲渡命令を発することができないとはいえないとしたこととの関係で，次のとおり，私見を補足しておきたい。

社債等振替法の下において，振替株式等の共有持分のみを単独で共有者1人の名義の口座に記録等をすることはできないとしても，振替株式等が相続の開始により共有に属するに至ることは容易に想定されることに照らせば，口座管理機関が振替株式等の共有者全員の名義の口座（以下「共有口座」という。）を開設し，共有口座に共有に属する振替株式等について記録等をすることが禁じられているとは解されない（原審もこのことは否定していないように思われる。）。これを前提とすれば，振替株式等が共同相続の対象となって共同相続人の1人である債務者に承継された共有持分（以下「債務者共有持分」という。）についての譲渡命令を得た差押債権者としては，被相続人名義の口座に記録等がされている状態のまま債務者以外

- 3 -

の共同相続人全員との間で共有物の分割をして単独所有とすることができることはもちろん，そのほかに債務者共有持分を含む振替株式等につき，被相続人名義の口座から債務者以外の共同相続人全員及び差押債権者の共有口座への振替手続を行うことによって自らが共有者の1人であることを表示することができると考えられる。具体的には，差押債権者に加えて債務者以外の共同相続人全員が，共同で，差押債権者及び上記共同相続人全員の共有口座の開設を特定の口座管理機関に対して申し込み，上記口座管理機関から上記共有口座の開設を受けておき，債務者共有持分についての譲渡命令が確定した後に，裁判所書記官及び上記共同相続人全員が，被相続人名義の口座を開設した口座管理機関に対し，債務者共有持分を含む振替株式等につき，被相続人名義の口座から上記共有口座への振替の申請をし，上記共有口座に記録等をするという方法が採り得るように思われる。

しかしながら，まず，上記の振替方法を実現するためには，口座管理機関が共有口座を開設することが必要になるが，振替株式等につきそのような取扱いが実際には広く行われているようには思われない。また，共有口座の開設や債務者共有持分についての譲渡命令が確定した後の振替の申請には，債務者以外の共同相続人全員の協力を得る必要があることも否定し難く，その協力が得られなければ上記の振替方法の実現には困難を伴うこととなる（なお，裁判所書記官が上記共同相続人全員と共同で共有状態にある振替株式等の振替の申請を行うことの可否及びその法令上の根拠の検討も必要であろう。）。そうすると，上記の振替方法によっては，債務者共有持分についての譲渡命令に基づいて権利を実現することができない事態が生ずることはあり得るところであり，それであっても，譲渡命令が確定した場合において当該譲渡命令が口座管理機関に送達された時に，差押債権者の債権及び執行費用は執行裁判所の定めた譲渡価額で弁済されたとみなされる（民事執行規則150条の7第6項において準用する民事執行法160条）から，上記のようなリスクは結局のところ差押債権者が負わざるを得ないとの帰結となってしまう。差押禁止財産として法定されていない振替株式等の差押えを行う差押債権者が換価に当たって

振替方法による制約によってリスクを負うことは，法令上想定されているとは思われないのであり，また，被相続人名義の口座に記録等がされた振替株式等は相続財産の一部であって他の相続財産と別異の扱いを受ける根拠も存在しないのであって，本来ならば，口座管理機関が共有口座の開設に応じる運用を行い，差押債権者以外の者の協力がなくても債務者共有持分についての譲渡命令に基づいて差押債権者の権利を実現することを簡易に実現するような法令上の仕組みを設けることが望ましいともいえよう。現状においては，差押債権者としては，譲渡命令が確定した後，債務者共有持分を含む振替株式等につき債務者以外の共同相続人全員との間で共有物の分割を行って債務者共有持分について換価を図るのが現実的であると考えられるが，このような余地があり得る以上，債務者共有持分についての譲渡命令の申立てがおよそ不適法であるとすべきものではない。

（裁判長裁判官　鬼丸かおる　裁判官　山本庸幸　裁判官　菅野博之　裁判官　三浦　守）

www.ingramcontent.com/pod-product-compliance
Lightning Source LLC
Chambersburg PA
CBHW081314180526
45170CB00007B/2707